放流

窪塚洋介

どうするか？ ではなく
どうあるか？ ということ。
幸せになる、 のではなくて、
幸せである、 こと。
何もなくても、
何もしなくても、
自分がこの世界に
在ることが、
"元々幸せ"
であることを
思い出すこと。

旅はそんな大事なことを
再認識させてくれる。
元々ここにいられるだけで幸せ。
グラシャーす♪

まとわりつく不満や不安が
潮風にはがされて、
彼方へと飛んで行った。
さっきまでノサバっていた世界が、
もう遠くの方で泣きわめいている。
オモチャを取り上げられた
公園の子どもみたいに。

さあ新しい遊びを始めよう。

インナーレヴォリューション。
インナーエヴォリューション。
革命真っ最中。世界を変える。

雨の笑い声が、
短い夏の終わりを告げた。
雲の流れが早い。
行き交う人々の流れもまた。
悠久の時の流れが、
時計の針の音に
急き立てられていく、
星々の瞬きの、
その束の間に
オレたちは
生まれ死んでいくのだから、
せめて楽しもうぜ。

ひとつとして、ひとりとして、
それだけで完璧なもんなんてナイ。
フォーメーションでぶち抜く弾丸。

我のみ知る道、愛をもって。

『放流』　窪塚洋介

リャーマン…

人生で初めて南米の地を踏む。

今までに訪れた国は20カ国弱。
アメリカやジャマイカ、台湾等のように度々訪れた国もあるが、
これで五大陸制覇。

なんとなく地球との心の距離が近くなってきたような気分だ。
もっとこの星を知りたい。

先日ドキュメンタリーの仕事で息子と小笠原諸島へ行った。
無限の種類の青に囲まれたボニンアイランドでの、
親子とも死ぬまで忘れないであろう素晴らしい時を過ごし、
帰宅した翌日のタイミングでの渡航。
「人生で初めて」なんてことは一歩踏み出せば
いくらでも転がっている。

歳男、芸能生活20周年、ハリウッド映画初出演、
久しぶりのCM出演、
卍LINEベスト盤発売と今年は何かと活気があるのだが、
このペルー旅行もそんな年に彩りを添えてくれると確信していた。

成田空港から移動に丸一日。
映画は1本も観ずに時に眠りに落ちながら、
徒然なるまま自分や世界のことに想いを馳せ、

あの写真の中の世界に向かった。

○ RUSSIA

JAPAN ●

○ EGYPT

○ THAILAND

NORTH VILLAGE

● LOS ANGELES

LIMA MACHU PICCHU
● CUSCO

LAGO TITICACA

TRIP ROUTE

CUSCO

標高 3400 m。約 30 万人の暮らす
「ヘソ」という意味の街。
頭蓋変形と脳外科手術の痕跡も残すナスカや
ボリビア側のティワナコなど
多数の文明が興ったプレインカ時代の後、
14 〜 16 世紀頃、栄華を誇るインカ帝国の
首都だった都市。
明確な文字と車輪を持たないアンデス文明圏。
太陽信仰。山岳信仰。先祖崇拝。
二元性が目立つ。
コンドルは天空を、プーマは大地を、
ヘビは地下を表す聖獣とされる。
大航海時代、御多分に洩れず
帝国主義スペインによって滅ぼされる。
(16 世紀中頃フランシスコ・ピサロの征服)
インカの石組みの残る旧市街は世界遺産。
京都と姉妹都市で虹色の市旗をもつ。

日本から LA…9.5 時間
LA からリマ…7.5 時間
リマからクスコ…1.2 時間

初日の成田で乗り遅れ、予想外のスピン状態で1泊、
翌日LAに1泊せず一気に飛行してクスコ到着。
早朝5:00。乾季の後半らしいが空港内からかなり寒い…。
トランクをピックアップしてすぐに上着を着た。
乳白色の朝もやの中。遠くの丘まで星のように揺らぐ
街灯のオレンジ色と浮かび上がる街のシルエットに
胸が小躍りしている。
ペルー在住21年、この旅のガイド兼通訳兼カメラマンの
モリシゲさん（しげさん）が空港まで迎えに来てくれた。
茶色の街並みをタクシーでしげさんの家まで。
初めて見るその景色に
すでにワクワクが止まらなくなっていた。
しげさんの家でお茶をすする時には、日本でリサーチした際、
ペルー体験者が口を揃えていた高山病の心配を
しげさんのこの旅の行程の説明とそのキャラで安心させてもらう。
なんしか「病は気から」。それが何よりの高山病予防。

最高の始まりの予感。

クスコの街角で初めましてのインカの石組みは、
すごく柔らかくて温かい雰囲気。
エジプトとは違う。同じ巨石文明でも
アトランティスとムー（レムリア）の違いなのかしら。
空は低くも高く、澄んでいて青が強い。
小笠原の海を思い出した。
やはり標高が高いから靴紐結んだり、
多少高低差あるだけで少し息切れするので深呼吸が重要。
まあ低地でも普段でも深呼吸は重要だけど。
少し散策してもロケーションとして確変状態なので
シャッターが止まらなかった。
午前中には乗用車をチャーターして
オリャンタイタンボまで1.5時間。
植物も多種多様で少しの標高により植生が変わる。
ジャガイモからトウモロコシ、沖縄名物のデイゴも
赤道直下だからこの標高でも咲く。ブーゲンビリアまで。
この豊かな山岳立地がインカ帝国の礎か…。
でも遺跡の作り方はエジプト同様ナゾ。
巨石文明はやはりロマンがあるなぁ。リアルドラクエ。
山と遺跡に囲まれた
夕暮れのオリャンタイタンボの町並みもまた格別。
夜の風情も素晴らしい。

あ、そうか、この町ごと遺跡か。
素敵ですペルー。

天変地異や経済崩壊が声高に叫ばれ、
え？お前まで？という奴が
メディアや政治不信を口にするようになった昨今、
20年も前から言い続け、歌にもしてきたオレは、
そのスタイルの延長線上で
完全にバビロンに見切りをつけた。
極力、
元気で豊かで美しく、
安全で気持ちの良い世界で幸せを謳歌しようと決心した。
安心も心配もし過ぎないところから、
少し前に進んだのかもしれない。

希望のない世界なら、自分が希望そのものになればいいじゃないか、と。

「ある意味で」

オレたち日本人は、
**バビロンが
コントロールしようとしても
出来ないほどの平和ボケ。**
いつもゲームは自分のルールで。

旅はいい。

今回の旅では巡らなかったけど、
南米だけでも行ってみたい場所は数多い。
ペルーで言えばナスカの地上絵やジャングル、
エクアドルのガラパゴス諸島、
ボリビアのウユニ塩湖、ティワナク遺跡、
チリのイースター島…。
なぜか旅をしたくなるでしょう？
向かう国際線の空港での
ゑも言われぬ期待感はいつまでもある。
(逆に米国は毎回税関での幻滅感も半端なかったりもしますが)
なんしか、
世界の広さと近さ。濃さと深さを教えてくれること。
自分に素直にさせてくれること。
勇気や意思、好奇心や行動力、優しさやコミュニュケーション、
いろいろ試されることで自分を発見できること磨けること。
知らぬ間に日本代表になってること。
一つの旅でどれだけ影響されるかは人それぞれだけど、
こんな場所があったのかという気持ちだけで、
小食なオレでもゴハン２杯はイケる。
ワタクシ史上最標高の場所で、
舌をベロンと出し高台からオレを見下ろしてた犬にも…。
こんな場所があったのか。

この星楽しいな。
足がすくむような景色とか、質素でも豊かな家とか、
むせかえるような活気のある市場とか、
笑えるぐらいの星空とか、
思わず手を合わせちゃうような真っ白な朝日とか、
ロマン溢れる巨石遺跡とか、
なんだか魂が喜んでるような、そんな感じすらする場所たち。
もしかしたら何処に行っても感じるのかもしれない、
輪廻転生でいうとこの縁。
もちろん汚い場所もたくさんあるけど、
それはホーリーさとのコントラスト。
この光と影の二元性の峰を

自分がどうあるかだけを
コンパスに進む旅路。

日々のチョイスの結果はダイレクトだったり、
時間差だったり、
良かったり悪かったりするけど、
あらゆる瞬間に2度目は来ないと思って生きてます。
つまり最高ビジョンで生きる。
目の前に広がる世界をなるったけ讃え、
神が創り賜うたとあるがまま肯定して、
感謝する。
そんで自分も相手も世の中も、早い話が
三方良しでより良くなるためにそのビジョンを生きる。
自分だけのバランスでこの命をフル活用して。

みんなと生きる。

Inca Road-1
Inca Road-2
Inca Road-3

〜インカ道〜

カパックニャン。偉大な道。
クスコを中心とした
総延長4万km以上のインカの血管。

ベテランのしげさんのアドバイスで午後からは混むからと、
朝からオリャンタイタンボ遺跡の見学。
上から見るとリャマの形をした遺跡で
六枚屏風岩やリャマの目にあたる部分、
コンドルの岩などを見て回る。
ペルーに来て初めての石笛を吹いた。
気持ちのいい高音が空に吸い込まれる。
遺跡でよく目にする窪みは、
インカ文明の生と死の境目の薄さを表す
ミイラの安置場所だったそうだ。
しかしこの巨石たちをどう作ったか。
石目を見て木を差し込み水分で膨張させて割る、
ルビー透過率と太陽光線でレーザー光線を生み切る、
ハチドリから学び薬草で石を溶かす、
宇宙人の重力変換装置やハイテク機材で加工、
神が一夜にして作り賜うた…。
知らないことの方がはるかに多いぜ。

DAY 2

午後には青と黄色が映えるペルーレイルにて
1.4時間でパズーの村のようなマチュピチュ村へ移動。
息を飲む山々の景色とインカの段々畑、そしてインカ道の凄さ。
マチュピチュの方がクスコよりも標高は下がり、
動きやすいし植生もジャングルのようになる不思議。
さて、本当は何て名前の遺跡かわからないマチュピチュは
何というか、とうとう来ちゃったなという感じだった。
あの写真の中に…。ベタな写真もそりゃ撮るさ。
背後にそびえるマチュピチュ（老いた山）と
遺跡の向こうのワイナピチュ（若い山）。
周囲の神々しい山々や遺跡に魅せられ時間も忘れる。
遺跡の中の見学は明日に設定していたが、
眼下の虹や一山向こうの虹を見れて歓迎されている気分になった。
しげさんのガイドがクオリティ高いから知識欲も刺激されるし、
移動などのストレスは少ないし、ありがたい。
インカ帝国より以前にあったプレインカ時代に
宇宙人の存在というか超文明というか、
その匂いを感じるのはエジプトと同じ。
南米で一番と言われるペルー料理と
洋平が日本から持って来たシーシャ
（店の軒先で吸ってるとエジプト思い出すなあ）で会話も弾み、
夜は散歩に出かけて見つけたサッカー場の子供たちと
サッカーして危うく高山病なりかけだったけど、いい思い出が出来た。
ペルーは比較的治安も良いらしくてとにかく何かと楽しい。
酸素は薄いけど旅の内容は2日目にして濃い。
マッサージして眠りにつくが、
昼間飲んだコカ茶のせいか深く眠れなかった。

子供の頃から、車窓から見える町を見て、
**「そこに自分がいたら
どうしてただろうか？」**
と想像した。
あの交差点はどう見えるんだろうとか、
あの公園で遊んでるんだろうとか。

たらればも、こういう時は悪くないな。

ポジティブでもあり
ネガティブでもあり、
善でもあり悪でもある。
この二元性の世界で
意識が身体をもって
存在できることの奇跡。
踊らにゃソンソン。
思っていたよりも低くなってた天井、
キツクなって来てた閉塞感。
差し込んだ光に一気に解き放たれる。
あの頃みたいになんて
ちっとも望んでない、
その道の先で今、
新しい景色に顔を上げる。
無限の未来のもっと奥へ。

神が人を作ったのか、人が神を作ったのか知らないけど、
願わくば、あるがままに。

ワガママに、ラガままに。

迷った時は心地いい方を選ぶ。

深夜のマチュピチュのサッカー場。
男女、歳もバラバラの子供達がサッカーをしている。
キーパーをやってた女の子に「オレたちもまぜて」と言うと、
何やら仲間に相談。
「どうする？あのジャパニーズの大人たちも入れる？」
と話しているのかと思いきや、
誰をどっちのチームにいれるかを話してる。
仲間に入れないという選択肢が、ハナから無い子供たち。

VIVA 南米スタイル。

サッカーを終え、子供たちにコーラを奢ろうと、
小遣いを渡した。
あれ、ミスったか？
20人近くの子供たちでケンカになるかな？
いやいや、あんなにボールを回しあえてた奴らなら、
この小遣いもちゃんとみんなで分けあえる、よな？

¡Lo hicistes!

今日までの思い出の意味が
変わってゆく、
今は過去。
ひとつなぎの螺旋。

"今"しかない。

この"今"が、
ずっと力をくれる程にする。

"今"を大切にしない奴ほど
人生を短く感じるらC。

そしてワクワクしてる人は
いつまでも若い。

最強に良いことの前に、かなり良いことが3個あって、その前にちょっと良いことが10個ぐらいある。

流れ。

悪いことも同じ。
悪い流れの時は、
些細なことからちょっと見直したらいい。

やらずに後悔よりは
やって反省。

YOUNGER THAN YESTERDAY. WE ARE FOREVER YOUNG.

横須賀（鶴岡）- 横須賀（大矢部）- 西五反田 - 駒場東大前
- 富ヶ谷 - 横須賀（浦賀）- 大阪 - - -
どこにいてもいい。自分が自分でいられるなら。
最初の記憶は幼稚園の帰り道、
当時空き地だった場所に生えていた
二股の小さな小さな頑丈な木。
それを踏み越えて飛んだ、
走りながら風を纏うようなイメージ。
その前にいた鶴岡の社宅のことは覚えていない。

この流れでゆくならたぶん海外に住むと思う。
旧い世界が流されてゆくのをそこから見ようと思う。
この悪い冗談みたいな社会を作っているシステムそのものが、
オレたちの思いに押し流されてゆくのを。

なにはなくとも、
今を生きる。そうしてきたように。
そのフォーカスが生み出す無限の可能性。
常にそこに居られる奴との差は雲泥。

フリーエネルギーの発想の、ヒントみたいなモノすら感じる
この湧き出すエネルギーは、
みんなに備わった、呼吸とか、寝たり起きたりとかと
同じ類の仕組みで発生する。
半永久機関 pon di Blood. というわけです。
いい流れでいこう。いいエネルギーで。

気持ちひとつで石ころもダイア。

～マチュピチュ～

標高2400m。老いた峰の意味の空中都市。宗教都市。
他の多くの遺跡同様に自然のカタチを活かした作りで、
王侯貴族の避暑地という説も。最大750人が生活可能。
100年間使用した痕跡を残す。
2～4mずつ上がる段々畑が200段以上、
3000段の階段でつながる。
日中太陽で温められて夜も温室のような機能。
高低差を利用しジャガイモ、キヌア、
低地ではトウモロコシ、コカ等栽培。
多様性に富む植物に囲まれている。
1911年、ハイラムビンガム（インディジョーンズのモデル）
により400年の眠りから発見されるが、
発掘された物はアメリカに持ち帰り現在もそのまま…。

9:00 起床。
3時間くらいシーシャを
吸いながらインタビュー。
午後から再びマチュピチュへ。
村を出る時は雨だったけど遺跡は晴れ。
今日はインカ道でインカ橋まで30分くらいトレッキング。
マチュピチュ山の岩肌や植物、山々の景色は見応え充分。
夕方には待望の遺跡の中も見学して何かと唸り倒す。
太陽信仰。山岳信仰。先祖崇拝。は随所に強く感じる。
太陽信仰は冬至に動物を象った石や石組み、建造物に
太陽光を当てて力を宿す仕組みを持つ遺跡や場所が多数。
冬至（北半球の夏至）の後3日で太陽は復活するという
キリスト教でもおなじみのサイクルになる。
併せて、夏至、春分、秋分を大切にする信仰。

昨日に続き虹が迎えてくれた。
しかも初代皇帝マンコ カパックが生まれたとされる
遺跡の窓から虹が見えた。
村でマチュピチュの山頂の蛇紋岩を使った
インカクロスのお土産をゲットし、
美味しい炭火のアルパカを食して早めに寝る。
深夜、また寝付けず。
部屋の窓から山間に少しだけ見えた星空に驚嘆した。
（その直後暗闇でコケておデコ強打…。）

自分の中のホーリーマウンテン

を一生懸命登ると
いずれ同じ景色を見ている仲間と出会える。
登るのをやめるとそこで、
自分の山の標高も決まってしまう。
世界には自分よりもっと上の景色をみている山が
たくさんあるから、
オレは登るのをやめない。

マチュピチュはスペインの帝国主義の奴らには
高すぎて見えなかったんだよ。

オレにとって、
テレビ業界の山からの下山は
ラクだった。
落っこちちゃったからね。(笑)

Holy Mountain

今日が明日になってゆく、今は未来。

好奇心、向上心を育む。感謝できる子になってほしい。
与えることは受け取ることと教える。
過酷な時代に負けない生きる喜びの在り処を教える。
同時に自分も学び、
いつも生きる感動を感じられる人でいたい。

この宇宙や世界の真理を追究する男でいたい。

目の前にぶら下げられた
人参を喰ったら終わり。

自由の無い、
バビロンに操られた人形に
成り下がっちゃう。

ぶら下げて進むのは、
自分の信念とムスコで十分。

タバコなんて絶対吸わないと思っていた。
子供時代を経て、
中学の先輩の勧めでふっとんだ。
初タバコの時は、
口にくわえず火をつけようとして笑われた。
煙には個性があり、
色気が宿って神聖に感じるのもある。
雲より早く消える儚さと美しさもある。
バビロンよりにある煙は色気が無いよ。

足るを知りながら、
それでも湧き上がる
この大きな欲が原動力。

やはりコカ茶が効き過ぎて朝まで眠れずに
6時頃やっと寝た。11時過ぎ起床。
午後のペルーレイルに乗って、
しげさんも15年ぶりという
マチュピチュより更に奥の終点まで電車で向かう。
タクシーで15分ほどの
サンタ テレサという小さな町に到着。
何処も高い山岳に囲まれている印象を受ける。
地元の温泉へ。
小虫が多くてウザかったけど
大きく深く素敵な温水プールのような場所。
観光客たちや現地の人、
子供たちと一緒に1、2時間浸かる。
しかし毎日美味しいゴハンにありついている。
そしてペルー人はとても優しい。
南米の中でも一番優しい民らしい。
南米一ゴハンが美味しくて、南米一優しいの？
道で出会う犬も満たされていて
野良もすごく温厚で楽しそうにやっている。
ペルーの人は犬に鎖を付けないらしい。
自分たちが縛られるのが嫌いだから
犬にもそうしてやるんだって。素敵ですペルー。
すべての動物や昆虫、植物、鉱物、
大小様々な生命体への敬意。
地球の偉大さ自然の偉大さ、
宇宙の偉大さを肌で感じ肚に落ちてゆく。
そしてまた寝れず…。(笑)

自由の分身の自分

にとってのレゲエディージェイは、
この世界に自分の思いや LOVE を届ける趣味でもあり
武器でもある。
役者の仕事とは違う、音の上の面白さ、
曲作り、ライブの面白さ。
日本全国ツッツ浦々年間 80 本くらいの LIVE を
役者の仕事と織り混ぜ 9 年やってきて、
最近では 2014 年に 5th アルバムを出して、
今年 2015 年末にベスト & リミックス盤を出すという感じ。
ツアー中は相棒 HOT COZZY と PINKY との
ジプシーというか桃鉄のような暮らしを、
ずっと楽しんでて最高の日々だ。
毎回違う波に乗るライブ。
自分のメッセージを歌にして届ける。
そこでその人のヴァイブスまで着るように
仲間の服でステージに立つ。

ライブ前に度々言われるが、「あ、着替えないんですね?」(笑)
ステージ衣装と普段着があまり変わらないアーティストです。

19歳の都内のクラブでの出会いから、
憧れた裏原のセンパイ達から
服をサポートしてもらうようになって早17年、
ごくたまに気に入ったモノは買うけど、
ずっと貰いモノ生活者。
そのお気に入りの服でまかり通る世界。
なんだか懐かしくてほろ苦な感じすらする
年頃からのリンクは今も続いていて、
ずっと力をくれるのであります。感謝。
あの人たちに Big Up されたくて
前に来れたこともたくさんあるし、
落っこちた時からも
ずっと変わらぬサポートをしてくれるのもこの人たちだ。
本当にバビロンど真ん中に学ランでいたようなガキに
自宅でストリートでクラブで色んなことを教えてくれた、
その価値観ちゅーかライフスタイルに影響されて今がある。
お陰でそれからホント毎日、
クソ楽しい日々を送りっぱなしです。
兎に角役者の仕事の時といいバランスでやって来れた。
オレの感じたデッカイ世界。
後にそこで勝負する覚悟なんてまだなかった頃。

今はその世界でいい風感じて楽しんでるよ。

これ言うと元も子もないけど、
格好良い奴は何を着ても格好良いはず。
外見で判断するなと言うけれど、
外見でわかることもすごくある。

ユニクロ着ていてもヴィトンに見える奴もいる。
ライフスタイルが滲む。

もう一度言おう。

ブランドじゃない。スタイル。

役者の仕事をしていると、
「ドラマの仕事を断るなんてもったいない。」とか
「大河の主役断った役者はいない。」とか言われるんだけど、
みんなが一番いいじゃんと言ってくるものが
自分にとっては一番いらないものだっただけのこと。
そういうことってあるじゃん？

**HAVE TO は
できるだけいらない。
WANT TO でいく。**

踊るか
踊らされるか？
バビロンの洗脳に
踊らされるなら、
オレたちの音で
踊った方がいいよ。

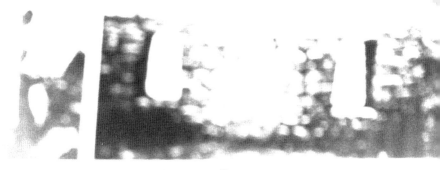

マンションから落っこちた後、
「今ならこんなんでもやるだろ？」
と言わんばかりに、
ふざけた役とかいっぱいフラれて、
歯食いしばりながら断ってきた。
稲穂は実るほど頭を垂れる。

さて、そろそろ収穫すんべ。

この手は
誰かをぶっ飛ばす手じゃなくて、
ヤーマンする手。

オレにとって趣味だけど仕事と言うならば、
20年目の役者と9年目のレゲエディージェイ。
紆余曲折あったけどいつも二足の草鞋を踏みしめてきた。
役者の方は今はテレビドラマをやってた頃よりは
ずっとゆっくりと歩けているし、
スリリングで刺激的な天職を続けられている。
まじでやりたい映画と舞台だけ。シンプル。
まさかのCMはいうなれば
高額収入のアルバイトの季節ですか。

卍LINEはオレがなりたいオレというか、
少し先をゆく者というか、
ケツ叩かれるようなそんな存在。音の上で合体する。
音楽を始めてAMATO RECORDZを立ち上げて、
出会った最高なことがあり過ぎる。
かけがえのないそういう思い出や時間も
相乗効果が想像以上だ。

あの頃憧れた世界で楽しくやれることへの感謝。
みんなへのリスペクト&ラブ。
どちらのシーンにもその気持ちで時間と労力を捧げる。

心のままに。

朝食にロモサルタードをアゲイン。
ペルーの醤油は国産。
午前中大きめの車を雇って
オリャンタイタンボまで戻るためアンデス山脈越え。
川で写真撮りながら向かった道中、
峠で人生史上最高標高4000m越え到達。
下山方面で見えた
氷河と滝、小雨と太陽のコンビネーションに心奪われ
夢中でシャッターを切る。
あまりにも神聖で拝んでしまった。
インカの山岳信仰の理由のひとつを
この5日間で自然と理解したと思う。
動物も牛、馬、羊、豚に会った。
およそ4時間で到着。
優しい男前なドライバーだったな。
オリャンタ着いたら懐かしさがするくらいだった。
毎日が濃い。
インタビューやって
小笠原丸から見たような星空見上げてから
夜の風情の町に繰り出す。
広場で学校の開校祭をやってた。
気づいたら毎日ロモサルタード食べて、ピスコ飲んでるな。
昨日からコカ茶飲んでないから寝れたけど、
ブヨにヤラれた後遺症で4時に起きる。
またかよ。（笑）
「マタカヨ」はケチュア語で「足がクサイ」の意。…たまにね。

DAY 5

とはいえこんな時代になっちゃったんで、
口にするものはなるったけ
リスキーでないものを頂くようにしている。
「食べて応援」とか鬼畜なバビロンの放射能拡散作戦に
便乗するような企業リストのモノなんて
2011年から買っていないし、
そういうお店にも行かなくなり、
最近では目にも入らないようになった。
特に関東以北で外食する時は
お店の人に産地等を聞くようにもしている。
オレはUSの肉も食べない。
関東以北に行く時は風向きもウェブでチェックする。

避難した方がいいと 2011 年当初から言っていた者として、
どの面さげて「LIVE来てね」って言ったらいいのか
わからないから、福島県内への LIVE には行っていない。
それから…
挙げればキリがないからしないけど、
原発の件だけではないが、
みっともないトップのみっともない数多の愚行と操られよう、
ご主人様への取れんばかりの尻尾の振りようを
目線の端に捉えると、
なにか遅れてきた世紀末感を感じて
天変地異も間近と連想してしまう次第であります。
でも不条理だと時代のせいにして泣かされるくらいなら、
楽しいこと見つけて笑うのがいい。
それから身体を温める（頭寒足熱）のがいいし、
東洋医学もいいぞ。
断食も穀物菜食も腹八分もいいらしい、
食べなきゃ 7 割の病気は治るそうだ（3食目は医者のため）。
いろいろ言うけど、
ブレザリアンという飯食わない人達もいますから
人体の神秘というわけで、宇宙です。
みんな宇宙とつながってるから、
その宇宙の自然のリズムの方が調子がいいのは当たり前。

月の満ち欠け。
寄せては返す天上の波。

欲に眩んだ人達が汚した空気や水が、
他の人達の心まで汚してゆくよう。

バビロンは一番悲しい奴ら。
だから許す。寛容する。
憎さあまって、
可愛さ100倍の気持ちで。
…いかないといけないとかなんとか。

地球を守る！なんて言うのは
おこがましい。
所詮は
人間が生きるための環境を
守ってるだけ。
地球は
人間に守られるほど弱くない。
原発とかは別だけど。

DNAは2進法の神の言語で書かれたプログラミングデータ。
神はそれを守り続けてゆく
ゲームをしているのかもしれない。
遍く宇宙のすべての生命に保存して。
カタストロフィーの度に進化したりして。
神／真我／超意識／宇宙／マザーコンピューター
人／我／意識／小宇宙／デスクトップ

死ぬってことは、肉体がいのちを失うのではなくて、いのちが肉体を失うってこと。

この肉体を借りて魂が望むことをしにやって来た。
コントローラーは意識。ルールは自由。
みんな脳ミソって名の
チューナーの周波数に応じた宇宙で生きている。
同じ星の上でも別の宇宙。
何もしなくたって幸せな世界もあるし、
どこで何をして生きるか。

手放せば手に入る断捨離の極意は
握りしめるためには
まず開かないとということ。

人生を楽しむための環境は
いつも完璧に整っている。

より大きく頑丈になった
より美しい立派な器で
おいしい水を飲む。

みんなが光の中で暮らせるように、
光そのものになる。
お前もなる。

それは、諦めじゃなくて、
委ねてるってこと。
信じ抜いてるってこと。

オリャンタの小さな素敵な宿で朝飯食べて、
9時頃から移動、マラス塩田へ。
4800コの棚田が塩だらけでかなりインパクトあった。
近くのモライ遺跡も周りつつ今日も写真撮りまくり。
また感じのいいドライバーに当たって
気分良くクスコまで帰って来れた。
ランドリー出して、ホテルチェックイン。
こじんまりしたミドリホテルという
花の飾られた可愛いホテル。
シャワーが温水で安定してると有難い。
街仕様でＧパンに着替えて心機一転で繰り出す。
でもまたまたまたロモサルタード。これが激美味。
店による微妙な味の違いも分かるようになってしまった。
広場で絵のお祭りというか個展やってて、
洋平の提案で絵を描いてもらうことになった。嬉しいなあ。
写真だけ撮って、出来上がりは帰国後らしい。
博物館行ったり街をプラプラしつつ、アルパカの帽子ゲット。
自然も落ち着くけど、やはり街も落ち着く。
人間とはワガママな生き物です。
マチュピチュの宿で捨てられた洋平のシーシャフレーバー、
クスコでゲット出来てしげさんちで一服。
膨満感でちょっとダウン気味。
ロモサルタード食い過ぎかな…。

気が付けばそこにあるもの。
あるがままでいい。
あるがままがいい。
それも愛。

優しいだけが愛じゃないけど。

コドナだからこそ、
なるったけいい未来を
残してあげたいと思っている。
そのために役に立つようなことをしたい。
立派なコトじゃなくても、
俺の出来ることで何かしたい。
役をやることとディージェイ、
その両輪は当たり前。
メッセージを伝えることも
応えることも自分のバランスで、
自分のスタイルでやればいい。
日々の暮らしの中にも、
"今が未来"ならやれることは無限にある。
"バタフライエフェクト"なら無限にある。
それを楽しんでいくための、
ブレない自分がいる。
山あり谷ありやってるけど、
ずっと楽しんできた。
どんな時代も楽しんでる。
そのライフスタイルが、
こんな場所の子供達の未来にも
つながってると信じている。

むかしは自分の子供も
地球の裏に住むブラジルの子供も
平等に愛すべきだと思っていた。
ただまぁ、
そんなの人間らしくないよな。

オレとパパと、どっちが好き？

昨夜は寒気も胃痛もあって、漢方とか飲みつつ早めにダウン。
朝はかなり楽になってるものの胃痛の波がたまに襲ってくる。
ホテルで久々のシリアル朝食取ってから8:00待ち合わせで
サント・ドミンゴ教会（コリカンチャ博物館）へ。
インカ帝国時代の虹、雷、太陽の神殿の跡地だけに
また石の加工技術に驚かされる。
征服後にその石組みの上にスペインが建てたという
教会のその技術の差よ。
最近ではキリスト教建築には何の興味も湧かない…。
マーティンに怒られちゃうな。(笑)
しかし黄金のまま残っていたらさぞ見応えがあったろうなぁ…。
金は溶かして1.5t自国に持ち帰り、
インカ人達が類稀な技術で組み上げた建造物をかなり破壊して
自分達の教会を建てたというその愚行たるや。
…それ今もやってるか。
インカでは太陽の汗は金、月の涙は銀だそうな。
詩人だねえ。
それからタクシーで丘の上の月の神殿近くに降り、
歩いてケンコー、サクサイワマンを巡る。
（クスコの車の9割近くはタクシーらしい。
世界中でタクシーは何台あるのかい？）
プレインカからの巨石の雰囲気は
この旅中に何度見ても驚愕するし、ロマンの渦に引き込まれる。
月の神殿、ケンコーは自然石を活かした作り、
サクサイワマンは砦のようなインカ最大の石組み達。
胃痛の波にやられ午後は仮眠した。
夕飯を食べに出て少し街をプラつき今日も早めに寝る。

好きなことをやり続けたい。

魂が望むことをするために、
頭も時間も金も使うんだよ。

自然や赤ちゃんが
あるがままを
誇るような姿を見て、
人はかつてそうだった
自分を思い出すのか、
ふと振り返り、
失くしたものの中に
失くしちゃいけないものが
無かったか確かめる。

みんな何かになろうとしている。
特に若い時は。
役者が役を演じるように。
自分以外の何かに。

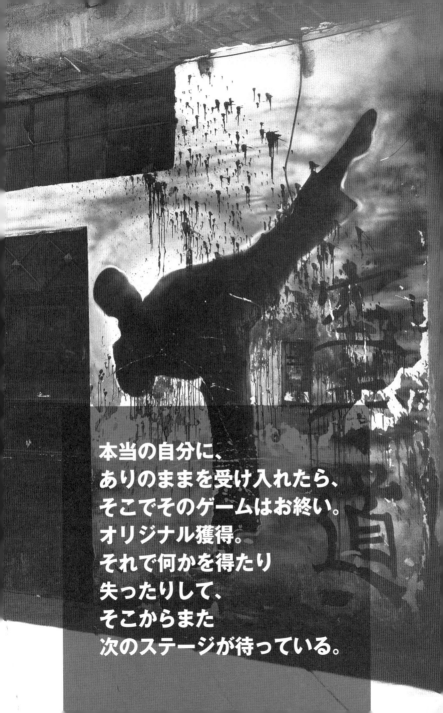

本当の自分に、
ありのままを受け入れたら、
そこでそのゲームはお終い。
オリジナル獲得。
それで何かを得たり
失ったりして、
そこからまた
次のステージが待っている。

引き継いだのは、
思い出じゃなくて、思い。

死んだら、
魂の進化に最適な世界で
また産声を上げるんだろうけど、
その時にはぜんぶ忘れちゃってるから、
やっぱしこの人生は一度きりだから、
なぁ、楽しもうぜこの命。

Lomo Saltado

DAY 8

夕方までホテルやレストランでのんびり写真選考。
しげさんのトトラ（カヤツリグサ科フトイ）の舟での
太平洋航海時のビデオに心踊る。
あと、宇宙考古学の話に花が咲いて楽しかった。
その勢いで GoogleMars やダヴィンチの宇宙人の絵など
YouTube で見つつ解散。
ペルー旅行の後半戦への助走をつけた。

「疲れた」は頑張った証拠。
「失敗した」は挑戦した証拠。
「緊張した」は本気だった証拠。

「やめようか」は
希望を捨てなかった証拠。
「らしくない」は
相手のことを思っている証拠。

しゃらくせえ、
なら、「証拠は？」は
胸のドキドキを信じれてない証拠。

まだ何者でもなかったあの頃に
見据えてた未来の、遥か先の話。
続行中。

ちなみに、
インカ帝国の掟はこの3つだけだった。
「盗まない・嘘をつかない・怠けない」

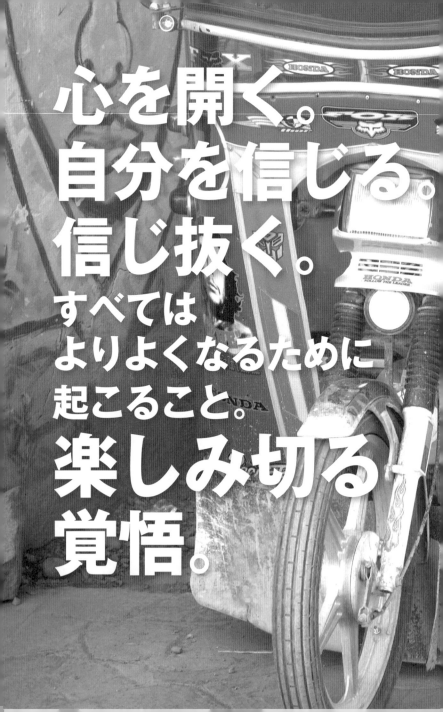

時に静かに、時に熱く、
死に物狂いで手にしたスタイル。
オレだけのやり方。
ここからすべてを見据える。

浄化の時、
断舎離ズム。

パパパパパッパッパ〜〜〜♪
まんじの霊性が上がった。

マスラオとタオヤメの間で。

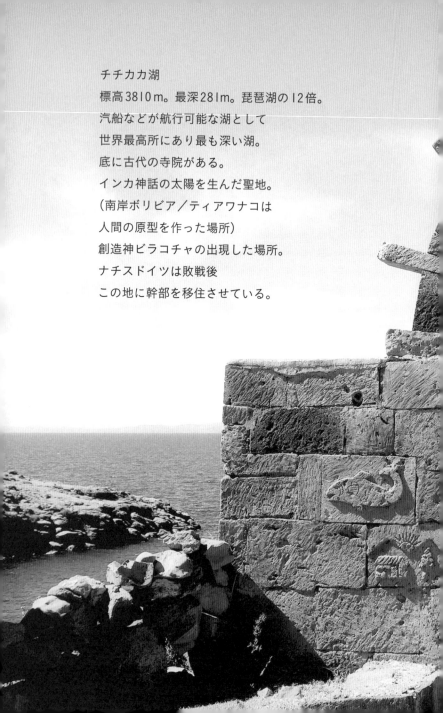

チチカカ湖
標高3810m。最深281m。琵琶湖の12倍。
汽船などが航行可能な湖として
世界最高所にあり最も深い湖。
底に古代の寺院がある。
インカ神話の太陽を生んだ聖地。
(南岸ボリビア／ティアワナコは
人間の原型を作った場所)
創造神ビラコチャの出現した場所。
ナチスドイツは敗戦後
この地に幹部を移住させている。

8:00集合で16人乗りのバンに４人で乗り込み、
クスコの新市街を抜け、アマゾン川の支流のひとつ
ウルバンバ川沿いを遡りプーノ（チチカカ湖）方面へ。
上流だけはウィルカノータ（聖なる流れ）と呼ばれるらしい。
パン、瓦、チーズ等特産が違う村々を横目に
３時間走って標高4335m、ララヤ峠、また最高標高更新。
この峠はアマゾン川とチチカカ湖の分水嶺で、
最高に雄大な景色を見ながらの煙草がめちゃくちゃ美味かった。
とにかく快晴。雲ひとつナシ。
どこまでも続く線路で写真撮ったりしつつ、
アヤヴィリという町で羊の丸焼きと芋を買って
観光客のまったくいない奇岩のティナハニで食べる。
小さいモニュメントバレーのような場所だったけど、
とても神聖だった。
岩のビルやオブジェ、動物のような巨石の姿が印象的だったな。
石笛を思い切り吹いて感謝を捧げる。
敷地に入ってすぐわりと大きな鳥が
羽根を開いて滞空して姿を見せてくれていたのも思い出深い。
対照的にプーノ手前のフリアカという街は
30万都市なのに荒んだ雰囲気。
喧騒の中、活気はあるけど砂埃の未舗装道路と相まって
魅力を感じなかった。
高地だからかタバコの本数が減るのと、
早起きになるのと、すぐ酔う。
プーノでチェックインしてからツーリスト行って中華を食べた、
久々のアジアフード美味かった。

DAY 9

でも飯ずっと美味いし、景色ずっと凄いし、
ひょんなことから
最終日はアラムムル神殿にも行けることになり、
本当に濃い旅だ。
夜に洋平と2人でバーに行って未来の話してたら、
英語を本気で覚える気になった。
まあカオス過渡期だからすべては10月末の判断かな…。

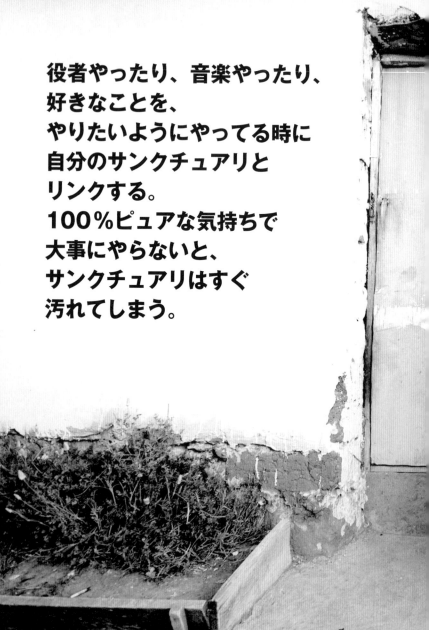

役者やったり、音楽やったり、
好きなことを、
やりたいようにやってる時に
自分のサンクチュアリと
リンクする。
100％ピュアな気持ちで
大事にやらないと、
サンクチュアリはすぐ
汚れてしまう。

我々は、
変化し続ける
一つの大きないのちのタペストリー。

生命と知性は万物に宿る。
オレらの世界があるように、
木の、石の、元素たちの
霊の世界がある。

聖霊のやつ。

地球は太陽の家族として、
その周りを回っていて、
太陽はシリウスの家族として、
回っている。
そのシリウスは…
無限のフラクタル。
宇宙船地球号。
オレら乗組員は、
一時足りとて同じ場所にいない。
フォーメーション組んで、
時速７万キロのランデヴーですわ。

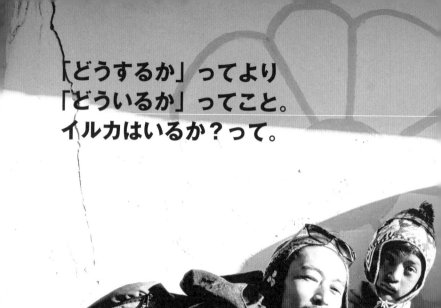

「どうするか」ってより
「どういるか」ってこと。
イルカはいるか？って。

星空を見上げると、
自分が今この瞬間も宇宙船地球号に乗って
高速で旅を続けていることを再認識する。

**自分を世界にわからせたくなるけど、
誰かに見せるための人生じゃない。
わからせたくなるけど。**

もちろん便利さや物の量が
幸せの基準じゃない。
不便さや
今の1/100の情報量の先に
デッカイ幸せが待ってる。
何にもないから、何でもあるよ。
何でもあるから、何にもないよ。

DAY10

昨夜のビールで血行が良くなったのか、
先日温泉にいたブヨのせいで全身痒くなりまた前半寝苦しかった。
ペルーのブヨ恐るべし。
朝食済ませて荷物預けて8:00頃送迎車に乗り、
チチカカ湖はアマンタニ島へ向けてのツアー船に向かう。
途中でトトラで出来たウロス島に立ち寄り、
島の説明聞いたり人懐っこい子供たちと戯れたりしながら、
トータル3時間近いポンポン船みたいなボートでの船旅。
総勢20名くらい。
チチカカ湖は思ってたより澄んでいたしトトラの辺りは
浅瀬が続く。湖底に寺院があるそうで興味深い。
アマンタニではホームステイなのだが、
正装？の島の人が出迎えてくれた。各々出迎えてくれた人の家へ。
そのステイ先の家族がまた素晴らしくて嬉しい限り。
食材の味を活かしたシンプルなスープで出迎えてもらった。
お父さんのフェルナンド、お母さんのルスマレーナ、
長男ウィットメルシュ、長女エベリア、次女ブレンダ。
擦れてない温かい家族。
お母さんの手作りの帽子を買ったり
シーシャを吸ったり吸わせたりしてから
サッカー場にツアーチームが集合、
散歩しながらチチカカ湖を眺めて戻って来る。
夕方〜夜はまたシーシャを囲んでお茶しながら
星々が姿を現わすのを待った。
夕飯食べてた時なんとも言えないくらい幸せな気持ちになった。

味付けすらも何もないとすら言える
シンプルな夕飯の一口一口が沁みた、
一口ごとに心が洗われるような思いにすらなった。
命に感謝した。
そしてそして、
この旅のメインディシュともフィナーレとも言える
チチカカ湖の星空は、言葉では追いつかないほどの
満天の空だった。
今まで見たことがないほどの星々と天の川は、
ため息が出たり笑いが出たり涙が出たりするほどの、
とんでもないモノだった。何というか、たまらない夜空。
北半球では沖縄諸島などを除いてしか見ることができない
南十字星もアマンタニで綺麗に見ることが出来た。
何座が何座なのやらという状態で、
小笠原とは違う星座だなあとまでは分からなかったが、
なんにせよ姿を現した満天の星空と天の川に
寝るまで圧倒されまくりだった。
鼻歌通り越して、思わず島唄出るレベル。
地元のビールで乾杯し、眠る時入った固い布団のベッドの中で
ペルーに来てよかったと心底思ったし、
生きててよかったとも思った。
あれから何度もそういう風に思うことはあったけど、
このひと時も一生忘れない時間になったことは言うまでもない。
連れて来てくれた洋平にも、しげさんにも、
大切な家族にも、パートナーの優香にも、
支えてくれる仲間たちにも、産んでくれた親にも、
地球にも、神さんにもこの宇宙にも、
そのすべてに感謝できる。ありがとう。
人生史上に残る写真をこの本の最後にどうぞ。

真理に基づいて生きている人ほど
他人のことをとやかく言わない。

成人のみんな、
聖人にならなくても、
イケてる星人になろうぜぃ！

百人百様

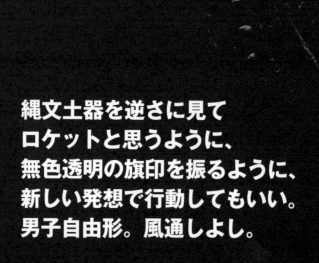

縄文土器を逆さに見て
ロケットと思うように、
無色透明の旗印を振るように、
新しい発想で行動してもいい。
男子自由形。風通しよし。

新しい時代のはじまり。
鳥たちの声とともに。
家から少し歩いて朝日を見に行った。
昨晩に続きあまりにも美しい自然の光景に息を飲む。
ボリビアの山々の向こうから
乳白色の空に上がる太陽の偉大さ。
日本から連れてきた大切なお守りたちも日光で浄化させて、
新時代の幸せと豊かさ安全と健康を感謝する。
いつまでもこの世界が発展しますように。
より良い世界になりますように。と祈る。
あるがままのものが、あるがままに。
光とともに、光の方へ…。
シンプルなパンケーキ頂いて港へ。
この家族との別れは辛いけどこれも旅の醍醐味なのかも。
また必ず来るよ、アマンタニ。
正装？のフェルナンドに見送られて、
トイ面のタキーレ島に寄ってトレッキング＆ランチ。
4時間弱くらいの滞在。
今日もずっと快晴で気持ちがいい。
夕方にはプーノに戻り、町をブラついて夕飯。

DAY11

一生を決める一瞬。
一生を決める粘り腰。

DAY12

Rickshaw

朝食後モール寄りつつチチカカ湖まで３人で散歩。
帰りはチャリンコタクシーで快適。
昼間はタクシーで小一時間でアラムムル神殿まで、
観光客のいない奇岩観光地で清々しかった。
なんとなく初詣感覚でお参りしてから、奇岩を堪能。
ここもティナハニのようにいろんな動物やオブジェに見える。
15時頃プーノに帰って来て
しげさんに感謝を述べ再会を約束して別れる。
ペルー最後の料理はリマ空港の寿司というオチだった。

Lago Titicaca

¡Abre tu mente!

「大人になりなさい！」
そんな言葉に騙されず、
抗ってきたヤツだけが
なれるのが、コドナ。

王道コドナスタイル。
真新しい毎日に飛び込む。

追い求めるんじゃなくて、
引き寄せる。
思い描くんじゃなくて、
そう生きる。

アンテナを研ぎ澄ませにやってきた。

南米で地震があると、
日本で津波が起こる。
アマゾンの蝶々の羽ばたきは、
地球の裏で嵐をも起こせる。
バタフライエフェクト。
地球は全部つながっている。
いのちも全部つながっている。

EPILOGUE

実家を改築するんで色々片付けたらしく、
送られてくる昔の写真もあった。
家の前でチョケてポーズを決めるオレはこちらを見つめている。

今改めて、
親父や母ちゃん、兄弟、子どもに伴侶に仲間たち、
死んだ爺ちゃん婆ちゃんたち、
前の嫁に知り合いにファンにアンチまで、
今まで直接的にも間接的にも関わってきたすべての人に、
（誰一人欠けても今のオレはなかったんだろうから）
ありがとうの気持ちを伝えたい。
そしてすべてのことに感謝したい。

ネットにすら載らないような
人生のたくさんの瞬間の積み重ねは、インカの石組みのように。
すべての瞬間を、
大きな地震にもビクともしない揺るぎない土台の礎にする。
人の点と点が線に、面に、立体になるような、
情熱に裏打ちされた出会いや時間の組み方で
登りゆくこの道の頂き。
ジャングルや砂漠、山の谷間の川沿いもまっすぐに突き進む。
親の教育のお陰で他人にも
自然と敬意を払ってきた方だと思うけど、
何より自分の思いを大事にして信じた道をここまで来て、
いい仲間もたくさん出来た。

好きなことも好きな場所も好きな味も仲間もたくさんいる。
好きな服も好きな音楽もたくさんある。
そして敵は断末魔のバビロンシステム以外には思いつかない。

もう今にもこの砂上の楼閣は崩れ出しそうで、
その時が来るのを待っているような感さえある。
だから今まで以上に過渡期に感じるし、
大洗濯後の世界で生きることを考える。

その時代にも映画産業はあるだろうか。舞台はあるかもな。
音楽はやってたいし、酒もタバコもやってたいし、
シーシャもいいね。
好きな漫画の続きも気になるし、行ってみたい場所も
子どもを着れて行きたい場所もたくさんある。
もちろん新しい出会いも楽しみにしたい。
あの日奪われた日常生活をこれからのガイダンスにして、
栄光の未来とまで言わずとも
少しはマシな未来に架かる梯子になるように
しなければもったいない。
ピンチはチャンス。タダでは起きない。
すべてをコヤシにして楽しもう。それが恩返し。

その写真のガキンチョは写真の中から
こちらをじっと見つめ何か言い出しそうだった。

- Still on Journey -

清らかな水の流れの、
その源流へ。

旅は続くし、夢も続く、
アスファルトの裏路地は
この場所の地面や、
レッドカーペットにもつながっている。

遊べて飲める水タバコカフェ

渋谷宇田川町店　tel 03-3461-1063
〒150-0042 東京都渋谷区宇田川町 4-10 ゴールデンビル 1F
13:00 ～ 24:00（日曜日～木曜日、祝日）
13:00 ～ 始発（金曜日、土曜日、祝前日）

渋谷駅前店　tel 03-6455-3421
〒150-0043 東京都渋谷区道玄坂 2-8-9 市橋ビル 3F
16:00 ～ 3:00（月曜日～木曜日）　14:00 ～ 始発（土曜日）
16:00 ～ 始発（金曜日、祝前日）　14:00 ～ 3:00（日曜日、祝日）

渋谷道玄坂店　tel 03-6427-0249
〒150-0043 東京都渋谷区道玄坂 2-28-5 SUN・J ビル 6F
14:00 ～ 始発（月曜日～日曜日、祝日、祝前日）

VIP 渋谷店　tel 03-6809-0949
〒150-0042 東京都渋谷区宇田川町 34-6 M&I ビル 1F
15:00 ～ 2:00（月曜日～木曜日）　14:00 ～ 始発（土曜日）
15:00 ～ 始発（金曜日、祝前日）　14:00 ～ 2:00（日曜日、祝日）

下北沢店　tel 03-3411-3955
〒155-0031 東京都世田谷区北沢 2-18-5 北沢ビル 2F
14:00 ～ 24:00（月曜日～木曜日）　12:00 ～ 始発（土曜日）
14:00 ～ 始発（金曜日、祝前日）　12:00 ～ 24:00（日曜日、祝日）

吉祥寺店　tel 0422-26-8781
〒180-0003 東京都武蔵野市吉祥寺南町 1-1-3 イケダビル 4F
16:00 ～ 3:00（月曜日～木曜日）　14:00 ～ 始発（土曜日）
16:00 ～ 始発（金曜日、祝前日）　14:00 ～ 3:00（日曜日、祝日）

渋谷CAMP店　tel 03-6416-5244
〒150-0043 東京都渋谷区道玄坂 2-10-1 2F
13:00 ～ 24:00（月曜日～日曜日、祝日、祝前日）

六本木1号店　tel 03-6884-2781
〒106-0032 東京都港区六本木 4-12-4 アドバンテージ飯田ビル 4F
16:00 ～ 3:00（月曜日～木曜日）　14:00 ～ 始発（土曜日）
16:00 ～ 始発（金曜日、祝前日）　14:00 ～ 3:00（日曜日、祝日）

NORTH VILLAGE

www.shisha-shibuya.com　　NORTH VILLAGE BOOKS & SHISHA　　@shisha_shibuya